Sarah Müller

Die Figur des Rüdiger von Bechelaren im Nibelungenlied

GRIN Verlag

Bibliografische Information der Deutschen Nationalbibliothek:

Die Deutsche Bibliothek verzeichnet diese Publikation in der Deutschen National-
bibliografie; detaillierte bibliografische Daten sind im Internet über http://dnb.d-
nb.de/ abrufbar.

Impressum:

Copyright © 2007 GRIN Verlag GmbH
Druck und Bindung: Books on Demand GmbH, Norderstedt Germany
ISBN: 978-3-638-94518-9

Dieses Buch bei GRIN:

http://www.grin.com/de/e-book/91238/die-figur-des-ruediger-von-bechelaren-im-
nibelungenlied

Inhaltsverzeichnis

1. Einleitung

Markgraf Rüdiger von Bechelaren tritt im zweiten Teil des Nibelungenliedes (20. Âventiure) zum ersten Mal in Erscheinung. König Etzel will um Kriemhilds Hand anhalten. Rüdiger ist „Etzels mächtigster und tüchtigster Vasall"[1] und da „Botenrollen zu übernehmen [...] Vasallenpflicht"[2] war, übernimmt Rüdiger die Aufgabe des Brautwerbers. Kriemhild lehnt den Antrag Etzels aus Treue zu Siegfried zunächst ab. Am nächsten Morgen hat sie ihre Meinung noch nicht geändert, doch bei einem Gespräch unter vier Augen verspricht Rüdiger *er wolde si ergetzen swaz ir ie geschach* (1255, 3). Kriemhild willigt daraufhin in die Heirat mit Etzel ein.

Nach sieben Jahren Ehe mit Etzel lädt Kriemhild ihre Verwandten an den Hunnenhof ein. Auf ihrem Weg zur Etzelburg kehren die Burgunden bei Rüdiger in Bechelaren ein (27. Âventiure) und er empfängt sie als großzügiger Gastgeber. Auf Hagens Vorschlag hin kommt es zur Verlobung zwischen Giselher und Rüdigers Tochter. Nach vier Tagen ziehen die Burgunden unter Rüdigers Geleit weiter an den Hunnenhof.

Kriemhilds Rachfeldzug beginnt in der 37. Âventiure. Rüdiger gerät zwischen die Fronten. Auf der einen Seite ist er Etzels Lehnsmann und hat Kriemhild in Worms die Treue geschworen, auf der anderen Seite stehen die Burgunden als seine Freunde und nun auch Verwandte, denen er Geleitschutz an den Hunnenhof gewährt hat. Er möchte das Unmögliche wahr machen: beiden Seiten gerecht werden. Dies ist nur möglich, wenn er sich weder für die eine noch für die andere Seite entscheidet. Das Lehns-verhältnis ist jedoch bindend, also bleibt ihm keine andere Wahl als es aufzukündigen. Etzel genehmigt Rüdiger die gewünschte Neutralität nicht. „Lehnsrecht wirkt stärker denn Geleitrecht und das Recht der Gastfreundschaft"[3], also muss Rüdiger in den Kampf gegen die Burgunden ziehen. Er stirbt durch Gernots Schwert.

In der vorliegenden Ausarbeitung gehe ich auf Rüdigers Lehnsverhältnis zu Etzel und Kriemhild ein und beleuchte die verschiedenen Aspekte, die Rüdiger dazu bringen als Vasall Etzels gegen seine Freunde und (angeheirateten) Verwandten in den Kampf zu ziehen. Rüdigers Verpflichtungen machen ihn zu einem tragischen Helden, da er keiner Partei

---

[1] Peter Wapnewski: Rüdigers Schild. Zur 37. Aventiure des „Nibelungenliedes". In: Nibelungenlied und Kudrun. Hg. von Heinz Rupp. Darmstadt 1976. S. 135.
[2] András Vizkelety: Rüdiger - Bote und Brautwerber in Bedrängnis. In: Pöchlarner Heldenlied-gespräch. Das Nibelungenlied und der mittlere Donauraum. Hg. von Klaus Zatloukal. Wien 1990. S. 133.
[3] Wapnewski, S. 150.

gerecht werden kann. Auf die Schildbitte Hagens in der 37. Âventiure und die damit ermöglichte Rehabilitation Rüdigers gehe ich im 5. Kapitel ein.

2. Das Lehnswesen

Das Lehnswesen ist die Beziehung zwischen Lehnsherr und belehntem Vasallen. Der Lehnsherr ist der rechtliche Eigentümer von Grund und Boden oder bestimmten Rechten und verleiht diese an den Vasallen auf Lebenszeit. Mitteis[4] bezeichnet den mittelalterlichen Staat schlechthin als „Lehnsstaat", in dem das „Lehnsrecht die hervorragendste und zugleich eigentümlichste Rechtsschöpfung des abendländischen Mittelalters darstellt"[5].

Der Lehnseid verpflichtet den Lehnsherrn zu ‚Schutz und Schirm' gegenüber seinem Vasallen, den Lehnsmann zu ‚Rat und Hilfe' (*consilium et auxilium*) gegenüber seinem Herrn, „Lehnsbindung ist [also] gegenseitige Bindung, wechselseitige Bedingtheit"[6]. „Die Lehnsbindung – das ergibt sich aus ihrem Wesen – war grundsätzlich nicht zu sprengen, es sei denn dank Missbrauch der Rechte, Vernachlässigung der Pflichten. So konnte ein Vasall nicht von sich aus ‚absagen' aus freien Stücken."[7] „Verletzte der Vasall Dienst- und Treuepflicht, so war [...] die härteste Maßregel, die ihn treffen konnte, [die] Entziehung des Lehns"[8]. Seit dem Beginn des 12. Jahrhunderts „räumte man [...] ein, dass ein Vasall sein Lehnsverhältnis lösen könne"[9] (*diffidatio*). Es hätte jedoch „dem Gebot der Ehre widersprochen, [...] [seinen] Herrn vor dem Kampf oder im Unglück zu verlassen"[10].

3. Rüdiger als Vasall Etzels

„Markgraf Rüdiger von Bechelaren ist Lehnsmann, ist Vasall des Königs Etzel"[11]. Als solcher hat er ohne Widerrede gegen jeden Feind seines Herrn zu kämpfen. Er weiß, dass Etzel niemals in den Frieden einwilligen wird, *daz weinte innéclîchen der vil getriuwe Rüedegêr* (2135, 4). Da er sich aber beiden Seiten gegenüber verantwortlich fühlt, wünscht er sich, Frieden vermitteln zu können:

---

[4] Heinrich Mitteis: Der Staat des Hohen Mittelalters. Weimar: [4]1953. S. 424. In: Wapnewski, S. 142.
[5] Wapnewski, S. 142.
[6] Wapnewski, S. 142.
[7] Wapnewski, S. 144.
[8] Wapnewski, S. 144.
[9] Wapnewski, S. 144.
[10] Wapnewski, S. 146.
[11] Wapnewski, S. 141.

(2136)   *daz disen grôzen jâmer*   *kann niemen understân!*
           swie gerne ichz vriden wolde,   *der künec entout es niht,*
           wande er der sînen leide   *ie mêr und mêrê gesiht.*

Aber „Etzel ist nicht verhandlungswillig. [...] Rüdiger hat versucht, *consilium* zu leisten"[12]. Da er aber vom *Hiunen recke* der Feigheit bezichtigt wurde, erschlägt Rüdiger ihn mit der Faust. Die Worte des *Hiunen recke* spielen „auf des Markgrafen Vasallen- und Dankpflicht an"[13] (2138 – 2140), der Rüdiger ja gerne nachkommen würde, sähe er sich nicht zwei gegensätzlichen Parteien verpflichtet.

Rüdiger versucht sich vor Etzel zu rechtfertigen, denn dem König ist wenig geholfen, wenn sich nun auch noch seine eigenen Männer gegenseitig erschlagen. Zudem hat er den Burgunden Geleitschutz gewährt (2144, 3), „er versteigt sich sogar zu der Behauptung: andernfalls hätte er sie längst bekämpft (2143/44)"[14]. Geschickt vermeidet er hier vor Etzel seine Freundschaft zu den Burgunden zu erwähnen.

Rüdiger befindet sich in einer „chiastische[n] Verklammerung [...] – [er] vertritt gegenüber Etzel und Kriemhild die Position der Burgunden und umgekehrt gegenüber den Burgunden die Position Etzels und Kriemhilds"[15]. Für ihn handelt es sich entweder

> „um die Erfüllung [...] der Lehns- und Dienstmannenpflicht oder aber um die Erfüllung der Freundespflicht. Natürlich bestünde angesichts der anschein-enden Unvereinbarkeit beider Ziele auch noch eine dritte Möglichkeit, nämlich beides zu lassen."[16]

Da Rüdiger aber „für solches Entweichen die Verachtung der Welt [...] ernten würde"[17], bleibt ihm als einziger Ausweg der „völlige Austritt aus der Existenzform und dem Gradus [...], dem man angehört, der Verzicht Rüdigers also auf seine Ritter, Lehns- und Gefolgsmannswürde"[18]:

(2157)   *dô sprach zuo dem künege,*   *der vil küene man:*
           «her künec, nu némt hin widere, *al daz ich von iu hân.*
           daz lant mit den bürgen,   *des sol mir niht bestân.*
           ich wil ûf mînen füezen   *in daz éllénde gân.»*

---

[12] Wapnewski, S. 147.
[13] Wapnewski, S. 147.
[14] Wapnewski, S. 147.
[15] Burkhard Hasebrink: Aporie, Dialog, Destruktion. Eine textanalytische Studie zur 37. Aventiure des ‚Nibelungenliedes'. In: Dialoge. Sprachliche Kommunikation in und zwischen Texten im deut-schen Mittelalter. Hamburger Colloquium 1999. Hg. von Nikolaus Henkel. Tübingen 2003, S. 17.
[16] Hans Naumann: Rüdegers Tod. In: DVjS 10 (1932), S. 389.
[17] Naumann, S. 389.
[18] Naumann, S. 390.

4

Rüdiger „bietet seinem Herrn [...] alles zurück, was er je von ihm empfing, Land und Burgen, um arm als Bettler auf seinen Füßen, also unter der selbstverständlich inbegriffenen Niederlegung der Ritterwürde, ins Elend zu gehen [(*diffidatio*)]. [...] Aber dieser Ausweg verschließt sich sofort, denn [...] [Etzel] nimmt den Verzicht nicht an"[19] und betont, wie unentbehrlich Rüdiger gerade in diesem Moment für ihn ist: *dô sprach der künec Etzel: «wer hülfe danne mir?»* (2158, 1).

4. Rüdiger als Vasall Kriemhilds

Vizkelety stellt die These auf, dass Rüdiger sich einer ‚List' bedient, als er Kriemhild in Aussicht stellt, „das angetane Leid zu vergelten"[20], nur um sie zur Heirat mit Etzel zu bewegen. Rüdiger „weiß, dass er möglicherweise etwas Entscheidendes ausspricht, ohne sich über die genauen Folgen [...] seines darauffolgenden Eides im Klaren sein zu können."[21] Ihm scheint es aber bewusst zu sein, dass der Eid Folgen haben könnte, denn er fügt hinzu, *daz ich michs nimmer gescham* (1266, 4). De Boor[22] übersetzt es mit ‚vorausgesetzt, dass es meine Ehre nicht berührt.'

Während des Kampfes erinnert Kriemhild Rüdiger an sein Versprechen und „gibt ihren Ritter nicht frei, kann ihn natürlich nicht freigeben, denn jene Eide, die [...] [Rüdiger] ihr geschworen, sind ja die Bedingung ihrer Ehe mit Etzel gewesen"[23]:

(2149)	*«ich man' iuch der genâden,*	*und ir mir habt gesworn,*
	do ir mir zuo Etzeln rietet,	*ritter ûz erkorn,*
	daz ir mir woldet dienen	*an unser eines tôt.*
	des wart mir armen wîbe	*nie sô græzlîche nôt.»*

Bekker[24] schreibt, dass Rüdiger den Eid zwar nicht leugnet, ihm aber doch eine Grenze setzen will:

(2150)	*«daz ist âne lougen:*	*ich swuor iu, edel wîp,*
	daz ich durch iuch wâgte	*êre unde ouch den lîp.*
	daz ich die sêle vliese,	*des enhân ich niht gesworn.»*

---

[19] Naumann, S. 390.
[20] Vizkelety, S. 134.
[21] Vizkelety, S. 135.
[22] Helmut de Boor (Hg.): Das Nibelungenlied. Nach der Ausgabe von Karl Bartsch. 22. revidierte und von Roswitha Wisniewski ergänzte Auflage (Deutsche Klassiker des Mittelalters). Mannheim 1988. Fußnote zu Strophe 1266.
[23] Naumann, S. 390.
[24] Hugo Bekker: The ‚Nibelungenlied'. Rüdeger von Bechlaren und Dietrich von Bern. In: Monats-hefte 66 (1974), S. 250.

Rüdiger ist der Meinung, dass „diese Verpflichtung ende, wo die Seele gefährdet wird"[25]. Denn der Bruch des Geleitschutzes wäre ein Bruch, der Rüdigers Seelenheil gefährde. Naumann[26] schreibt vom „Seelenkampf":. Kriemhild, die mit christlichen Wertvorstellungen vertraut ist, müsste Rüdiger eigentlich verstehen, doch Kriemhild und Etzel entlassen Rüdiger nicht, im Gegenteil:

> „Nun stürzt das Herrscherpaar sich in die tiefste Demütigung: Sie fallen ihrem Diener zu Füßen. Der Fußfall [...] meint die Bitte um Erbarmen, um Gnade; hier deutet der Dichter mit der Macht seiner Gebärdensprache geradezu eine Umkehrung der Lehnsverhältnisse an. [...] Sie geben ihrem Diener Rüdiger als dem Herrn über ihr Schicksal sich ganz anheim."[27]

(2152, 2)   *dô buten si sich ze füezen*   *beide für den man.*

„Der Fußfall inszeniert auf symbolische Weise die reale Niederlage, die Etzel und Kriemhild befürchten, falls Rüdiger nicht eingreife."[28] Rüdiger versucht durch den „Akt der *diffidatio*"[29] einen letzten Lösungsweg einzuschlagen, aber er „muss den Versuch sich zu entziehen [...] aufgeben. Er muss dem ritualisierten Flehen [...] folgen."[30]

(2162)   *dô sprach aber Kriemhilt:*   *«vil edel Rüedegêr,*
           nu lâ dich erbarmen   *unser beider sêr,*
           mîn unde ouch des küneges.»

(2163)   *dô sprach der marcgrâve*   *wider daz edel wîp:*
           «ez muoz hiute gelten   *der Rüedegêres lîp,*
           swaz ir und ouch mîn herre   *mir liebes habt getân.*
           dar umbe muoz ich sterben;   *daz mac niht lángér gestân.»*

Rüdiger ergibt sich seinem Schicksal. „Jene Eide, mit denen der Markgraf sich band, [...] stürzen ihn jetzt, [...] in den Tod."[31] *Er sprach: «ich muoz leisten, als ich gelobet hân»* (2166, 3).

5. Die Schildbitte

Rüdiger begibt sich in den Saal, um den für ihn unausweichlichen Kampf zu bestreiten. Die Burgunden gehen davon aus, dass sich Rüdiger für die Seite der Freunde entschieden hat und

---

[25] Wapnewksi, S. 148.
[26] Naumann, S. 387.
[27] Wapnewksi, S. 149.
[28] Hasebrink, S. 12.
[29] Wapnewksi, S. 150.
[30] Hasebrink, S. 13.
[31] Naumann, S. 390.

empfangen ihn freudig. Nachdem sie aber erfahren haben, dass Rüdiger seine Lehnspflicht zu erfüllen gedenkt, *dô huoben si die schilde* (2192, 2). Nun greift Hagen in das Geschehen ein und „bittet den zum Kampf antretenden [...] [Rüdiger] um dessen Schild"[32]:

(2195)   *Daz des got von himele*   *ruochen wolde,*
           daz ich schilt sô guoten   *noch tragen solde*
           sô den du hâst vor hende,   *vil edel Rüedegêr!*
           so bedórfte ich in den stürmen   *deheiner hálspérge mêr.*

Für diese Szene bieten sich zwei Interpretationsmöglichkeiten an: Will Hagen Rüdiger entwaffnen oder ihn rehabilitieren? Erstere scheint wenig plausibel, denn ginge es lediglich um die Entwaffnung Rüdigers, so hätte Hagen keine Worte verschwendet und wäre sofort zum Angriff übergegangen.

Hagen jedoch kennt Rüdigers Situation. Er weiß, dass Rüdiger zu Lehnstreue ver-pflichtet ist, denn er ist ja ebenfalls Vasall. Hagen gibt Rüdiger mit der Schildbitte die einzige noch erfüllbare Möglichkeit sich zu rehabilitieren und sowohl ein treuer Vasall gegenüber Etzel als auch ein Freund der Burgunder zu sein. Rüdiger erhält damit die Option beiden Parteien gerecht zu werden und nimmt diese Option gerne wahr:

(2196)   «*Vil gerne ich dir wære guot*   *mit mînem schilde,*
           torst' ich dir in bieten   *vor Kriemhilde.*
           doch ním du in hín, Hágene,   *unt trag' in an der hant.*
           hey soldest du in füeren heim   *in der Búrgónden lant!*»

Denn „tiefer [...] kann man seine Freundespflicht nicht erfüllen, als dass man dem schildlos gewordenen Freund-Feind die eigene Waffe gibt"[33]. De Boor[34] übersetzt *vor Kriemhilde* nicht mit ‚aus Furcht vor', sondern ‚mit Rücksicht auf' Kriemhild. De Boor schreibt weiter:

> „Die einmal getroffene Entscheidung bindet Rüdiger; die Schildgabe wäre Unterstützung des Feindes. Doch wie schon Hagens Bitte über die schicksal-hafte Feindschaft den höheren Bogen mannhafter Freundschaft geschlagen hatte, so erwidert Rüdigers Schildgabe sie aus gleicher innerer Größe. Es ist heroische Art bejahender Schicksalsüberwindung in ein ritterliches Symbol gekleidet."

Rüdiger steht offiziell immer noch zu seiner Lehnsbindung, indem er ‚mit Rücksicht auf Kriemhild' handeln will. Die Schildbitte steht jedoch außerhalb dieser Bindung, denn hier geht es um die Rehabilitation der Person Rüdiger. Doch wie de Boor schon schreibt, hat Hagen durch seine Bitte die Freundschaft auf eine höhere Ebene gestellt und ihr damit einen neuen Rahmen gegeben. In diesem neuen Rahmen ist es Rüdiger möglich beiden Seiten

---

[32] Wapnewski, S. 156.
[33] Naumann, S. 393.
[34] De Boor, Anmerkung zu Strophe 2196.

gerecht zu werden. „Hagen lässt sich Rüdigers Schild geben und damit gibt er ihm die Freundestreue zurück [...] Rüdiger gibt ihm den Schild, Hagen gibt ihm die Ehre wieder."[35] Denn ginge es lediglich um einen Schild, so hätte Hagen sich an den Schilden der bereits gefallen Kämpfer bedienen können. „Eben darin, dass Hagen diese Bitte wagt, erweist sich [...] sein [...] Wissen von Rüdigers Adel und Reinheit."[36]

Nachdem Hagen den Schild erhalten hat, erklärt er, *daz nimmer iuch gerüeret in strîte hie mîn hant* (2201, 3). Wapnewski[37] schreibt dazu: „Da Rüdiger die Freunde um der Lehnstreue willen bekämpfen muss, so muss Hagen die Lehnsherren um der Freundestreue willen allein lassen". Hagen zieht sich also aus dem direkten Konflikt zurück und nimmt sich damit die Freiheit, die Rüdiger nicht vergönnt ist: die Neutralität. Wapnewksi[38] schreibt vom „Rollentausch" der beiden Vasallen. Rüdiger wurde von seinen Lehnsherren nicht freigegeben, also muss der Vasall Hagen freigegeben werden. Hagen aber musste gar nicht erst um die Erlaubnis seiner Lehnsherren fragen, „sie hatten ihn schon freigegeben, bevor er fragte"[39]. Damit legen sie eine ebenso edle Haltung an den Tag wie Hagen: „In der Bewährung seiner Freundestreue bewährt sich die ihre [...]. So vollbringen sie das Wunder, Rüdiger als dem Freunde ihre Liebe zu zeigen und ihn als Feind zu fällen."[40]

Der Vasall Rüdiger zieht in den Kampf, *er tet sô wiileclîche daz im der künec gebôt* (2231, 1) und stirbt durch Gernots Schwert, „der Freund aber lebt[...] in dem ewigen Leben seiner *tugent* (2199, 4)"[41]. Mit seinem Tod erfüllt er die Lehnspflicht, mit der Schildgabe die Pflicht der Freundschaft. „Hagen hat also das Unmögliche möglich gemacht; den Feindeskampf zu akzeptieren und die Freundestreue zu halten, im Feindeskampf die Freundestreue zu bestätigen."[42]

6. Fazit

Kriemhild hätte ohne Rüdigers Eid einer Heirat mit Etzel nicht zugestimmt. Als treuer Vasall Etzels hätte es sich Rüdiger aber nicht leisten können, ohne die Königin oder zumindest deren Zustimmung an den Hunnenhof zurückzukehren. Also bedient er sich einer List (des Eides),

---

[35] Naumann, S. 393.
[36] Wapnewski, S. 157.
[37] Wapnewski, S. 163.
[38] Wapnewski, S. 161.
[39] Wapnewski, S. 161.
[40] Wapnewski, S. 161.
[41] Wapnewski, S. 160.
[42] Wapnewski, S. 159.

die Kriemhild mit einem Male sämtliche Wege zur Vergeltung Siegfrieds Tod öffnet. Sie willigt ein. Durch die Eheschließung Kriemhilds und Etzels entsteht für Rüdiger eine zweifache Bindung an das Herrscherpaar. Zum einen war er bereits vor der Heirat Etzels Lehnsmann, zum anderen hat er Kriemhild einen Eid gegeben.

Gegen diese doppelte Bindung wiegt die Freundschaft zu den Burgunden nur halb soviel. Zwar tritt er durch die Verlobung Giselhers mit Gotelind auch in ein Verwandtschaftsverhältnis, dieses kann aber auch ‚nur' als Festigung der Freundschaft ausgelegt werden.

Die vielfachen Bindungen machen Rüdiger zu einem tragischen Helden, denn sie ermöglichen ihm keinerlei Handlungsoptionen. Ohne den Eid gegenüber Kriemhild wäre seine Bindung zu ihr und damit zu den Lehnsherren zwar schwächer, aber Kriemhild wäre ohne den Eid nie seine Königin geworden. Kriemhild ist bereit alles für ihren Rachfeldzug zu opfern und nimmt auch die Ehe zu Etzel in Kauf, wenn sie dadurch einen treuen, durch Eid an seine Pflichten gebundenen Vasallen erhält.

Hagen gibt Rüdiger die einzige noch mögliche Gelegenheit sich zu rehabilitieren. Denn Rüdigers Bindungen zu beiden Parteien bedeuten seinen Tod. Er weiß, dass er den Saal nicht mehr lebend verlassen wird. Er ist hin- und hergerissen zwischen Lehnspflicht und Freundespflicht. Hagens Schildbitte löst den inneren Konflikt Rüdigers, indem er die Freundschaft auf eine so hohe Ebene stellt, dass sie mit der Lehnspflicht nicht mehr in Konflikt geraten kann. Rüdiger nimmt dieses Angebot an und erreicht damit, dass seine *tugent immer lebe* (2199, 4).

Bibliographie

HELMUT DE BOOR (Hg.), Das Nibelungenlied. Nach der Ausgabe von Karl Bartsch. 22. revidierte und von Roswitha Wisniewski ergänzte Auflage (Deutsche Klassiker des Mittelalters). Mannheim 1988.

HUGO BEKKER, The ‚Nibelungenlied'. Rüdeger von Bechlaren and Dietrich von Bern. In: Monatshefte 66 (1974), S. 239-253.

BURKHARD HASEBRINK, Aporie, Dialog, Destruktion. Eine textanalytische Studie zur 37. Aventiure des ‚Nibelungenliedes'. In: Dialoge. Sprachliche Kommunikation in und zwischen Texten im deutschen Mittelalter. Hamburger Colloquium 1999. Hg. von Nikolaus Henkel. Tübingen 2003, S. 1-20.

HANS NAUMANN, Rüdegers Tod. In: DVjS 10 (1932), S. 387-403.

ANDRÁS VIZKELETY, Rüdiger - Bote und Brautwerber in Bedrängnis. In: Pöchlarner Heldenliedgespräch. Das Nibelungenlied und der mittlere Donauraum. Hg. von Klaus Zatloukal. Wien 1990. S. 131-137.

PETER WAPNEWSKI, Rüdigers Schild. Zur 37. Aventiure des „Nibelungenliedes". In: Nibelungenlied und Kudrun. Hg. von Heinz Rupp. Darmstadt 1976. S. 134-178.